[CHA]MBRE DE COMMERCE INTERNATIONALE

Pour faciliter la circulation internationale des chèques

Brochure N° 35

TROISIÈME CONGRÈS

BRUXELLES, 21-27 Juin 1925

SECRÉTARIAT GÉNÉRAL
33, Rue Jean-Goujon
PARIS

CHAMBRE DE COMMERCE INTERNATIONALE

33, Rue Jean-Goujon, PARIS (VIIIe)

Adresse télégraphique : INCOMERC, Paris.

Téléphone : Elysées 62-42 — 62-56

Président : Mr. Willis H. BOOTH

Président-Fondateur : M. Etienne CLÉMENTEL

Vice-Présidents :

MM. A. C. BEDFORD
On. Gr. Uff. Avv. Marco CASSIN
Maurice DESPRET
Walter LEAF, D. Litt.
G. PASCALIS
K. A. WALLENBERG
W. WESTERMAN

Trésorier : M. Julien POTIN.

Trésorier-Adjoint : Mr. J. E. MCCULLOCH.

Secrétaire-Général : M. Edouard DOLLÉANS.

CONSEIL :

Amérique (Etats-Unis d'). — *Membres :* Mr. John H. FAHEY, Mr. Joseph H. DEFREES, Mr. Owen D. YOUNG. — *Suppléants :* Mr. William BUTTERWORTH, Mr. Nelson Dean JAY, Mr. Henry M. ROBINSON.

Autriche. — *Membre :* Dr. Paul HAMMERSCHLAG. — *Suppléant :* M. Anton SATTLER-DORNBACHER.

Belgique. — *Membres :* M. Louis CANON-LEGRAND, M. Alexandre DE GROOTE, M. William THYS. — *Suppléants :* M. Alfred DE BROUCKÈRE, Baron Edouard EMPAIN, M. Joseph MARCOTTY.

Danemark. — *Membres :* Dr. Ernst MEYER, M. Benny DESSAU. — *Suppléants :* M. Christian CLOOS, M. F. H. J. RAMBUSCH.

Espagne. — *Membres :* D. Carlos PRAST, D. Bartolomé AMENGUAL. — *Suppléants :* D. Julio GUILLEN SAENZ, D. José-Maria GONZALEZ.

France. — *Membres :* M. René DUCHEMIN, M. Jean COIGNET, M. Eugène SCHNEIDER. — *Suppléants :* M. Jules GODET, M. Paul ROGER.

Grande-Bretagne. — *Membres :* Sir Arthur Shirley BENN, K. B. E., M. P., Sir Felix SCHUSTER, Bart., Sir Algernon F. FIRTH, Bart. — *Suppléants :* Sir Arthur BALFOUR, K. B. E., J. P., Sir Alan ANDERSON, K. B. E., Mr. A. Barton KENT.

Hongrie. — *Membre :* S. E. Alexandre POPOVICS. — *Suppléant :* M. Arthur BELATINY.

Indochine. — *Membre :* M. A. GARNIER. — *Suppléant :* M. L. FONTAINE.

Italie. — *Membres :* Sen. Luigi DELLA TORRE, Gr. Uff. Giorgio MYLIUS, Dott. Alberto PIRELLI. — *Suppléants :* On. Gr. Uff. Avv. Gino OLIVETTI, Conte Comm. Nicola PAVONCELLI, On. Gr. Uff. Prof. Dionigi BIANCARDI.

Japon. — *Membres :* Mr. Raita FUJIYAMA, Dr. Takuma DAN, Mr. Keijiro HORI. — *Suppléants :* Mr. Katsutaro INABATA, Mr. Kenjiro MATSUMOTO, Mr. Akira ISHII.

Luxembourg. — *Membre :* M. Emile MAYRISCH. — *Suppléant :* M. Joseph WURTH.

Norvège. — *Membres :* M. P. C. SOLBERG, M. J. BLYDT. — *Suppléants :* M. G. Kamstrup HEGGE, M. Chr. B. LORENTZEN.

Pays-Bas. — *Membres :* Dr. H. Rud. DU MOSCH, Dr. R. MEES, M. J. B. VAN DER HOUVEN VAN OORDT. — *Suppléants :* M. Albert SPANJAARD, M. C. E. TER MEULEN, Dr. H. J. KNOTTENBELT.

Pologne. — *Membre :* M. Boguslaw HERSÉ. — *Suppléant :* Comte Ladislas JEZIERSKI.

Roumanie. — *Membre :* Dr. Stefan CERKEZ. — *Suppléant :* M. G. I. GEORGESCU.

Suède. — *Membres :* M. J. S. EDSTRÖM, M. Oscar RYDBECK. — *Suppléants :* M. Axel EGNELL, M. Axel VENNERSTEN.

Suisse. — *Membres :* M. John SYZ, Dr. Alfred GEORG, M. Alfred SARASIN. — *Suppléants :* M. Otto ALDER, M. René HENTSCH, M. Edouard TISSOT.

Tchécoslovaquie. — *Membres :* M. Jaroslav PREISS, M. Kornel STODOLA. — *Suppléants :* M. Rudolf TELTSCHER, M. François HLAVACEK.

N. B. — Les noms des Membres du Comité Exécutif sont soulignés.

CHAMBRE DE COMMERCE INTERNATIONALE

Pour faciliter la circulation internationale des chèques

Brochure N° 35

TROISIÈME CONGRÈS

BRUXELLES, 21-27 Juin 1925

SECRÉTARIAT GÉNÉRAL
33, Rue Jean-Goujon
PARIS

TABLE DES MATIÈRES

Des projets d'*unification internationale du chèque* ont été proposés à l'attention des États au cours des années qui ont précédé la guerre. Dès cette époque, la variété des règles applicables aux chèques dans les différents pays, ainsi que les formes diverses que ce titre revêt, faisaient souhaiter cette œuvre d'unification.

C'est en 1910, à La Haye, qu'une conférence diplomatique réunie pour l'*unification des lois relatives à la lettre de change et au billet à ordre*, émit les premiers vœux en faveur d'une convention internationale pour l'*unification des législations régissant le chèque.*

En 1912, une deuxième conférence diplomatique fut réunie et se tint à La Haye. Les 37 États qui s'y étaient fait représenter avaient jugé utile de déléguer non seulement des diplomates, mais des jurisconsultes, ainsi que des techniciens choisis dans le monde du commerce, de l'industrie et de la banque.

Le Gouvernement néerlandais, qui avait eu l'initiative de cette réunion, avait pris soin d'adresser aux plénipotentiaires un questionnaire détaillé qui servit de base aux travaux de la Conférence et facilita grandement l'élaboration d'une série de résolutions qui portaient sur l'unification des lois régissant le chèque.

Le problème avait également retenu l'attention des milieux commerciaux et industriels. Le Congrès des Chambres de Commerce, tenu à Boston en septembre 1912, s'était déclaré partisan de l'unification des lois sur les chèques ; il avait chargé un Comité d'étudier le système anglais du chèque ; ce Comité s'était réuni à Londres, en mai 1913, et à Bruxelles, en mars 1914, et avait adressé un rapport très complet au VIe Congrès international des Chambres de Commerce de Paris, en 1914.

La question des *lettres de change* fut reprise, après la guerre, à la fois par la Société des Nations et par la Chambre de Commerce Internationale et ces organisations eurent la sagesse de s'inspirer des travaux de La Haye.

Mais les difficultés d'une coordination des diverses législations nationales avaient augmenté avec le temps, du fait qu'un certain nombre de nations nouvelles s'étaient constituées, que d'autres nations avaient modifié leurs lois et enfin que les courants commerciaux avaient pris des directions nouvelles diminuant pour certains pays l'intérêt d'adhérer à une législation internationale.

La Chambre de Commerce Internationale émit cependant à son Congrès de Rome, en 1923, une série de résolutions concernant l'unification des lois relatives à la lettre de change.

Le 7 novembre 1924, le Comité National Français proposa au Conseil de la Chambre de faire inscrire au programme du Congrès de Bruxelles la question de la *création d'un chèque à caractère international*. Cette proposition avait été faite au Comité National Français par l'Union des Chambres de Commerce Françaises à l'Étranger qui s'était livrée dans différents pays à une enquête sur la législation du chèque.

Le Conseil décida d'accueillir cette suggestion et il chargea un comité spécial d'étudier la question.

Le Comité de l'Unification des Lois qui régissent le Chèque était composé comme suit :

Président: W. WESTERMAN, Vice-Président de la Chambre de Commerce Internationale, Président du Conseil d'Administration de la Rotterdamsche Bankvereeniging de La Haye.

Amérique (E.U. d'). — Judge THOMAS B. PATON, General Counsel de l'American Bankers' Association.

Autriche. Dr. Paul HAMMERSCHLAG, Directeur de la Creditanstalt für Handel & Gewerbe.

Belgique. — Paul van ZEELAND, Docteur en droit et en Sciences politiques et diplomatiques, Secrétaire de la Banque Nationale de Belgique.

Danemark. — Consul Christian CLOOS, Président de la Provinshandelskammeret.

France. — Jacques BOUTERON, Docteur en droit, Inspecteur de la Banque de France.

Grande-Bretagne. — John RAE, Chief General Manager, Westminster Bank Ltd.

Hongrie. — Louis MANHEIM, Docteur en droit, de Messrs. Nevile Foster & Co. Ltd. de Londres ; Commissaire Administratif pour la Hongrie.

Indochine. — Henri SAMBUC, Avocat-défenseur honoraire près la Cour d'Appel de l'Indochine.

Italie. — Giovanni MORANDI, Direttore dell'Ufficio di Rappresentanza del Credito Italiano a Parigi.

Japon. — Teisaburo Kuga, Directeur de la Mitsubishi Shoji Kaisha Ltd., à Paris ou S. MATSUYAMA, Attaché commercial à l'Ambassade du Japon à Londres.

Luxembourg. — Albert CALMES, Professeur d'université honoraire, Secrétaire du Comité National Luxembourgeois.

Norvège. — Peter HOUGEN, Directeur de l'Union des Banques de Norvège.

Roumanie. — Georges ASSAN, Attaché Commercial de Roumanie à Paris, Commissaire Administratif pour la Roumanie.

Suède. — Charles DICKSON, Directeur-Gérant du Syndicat des Banques Privées de Suède.

Suisse. — Max VISCHER, Docteur en droit, Avocat et Notaire ; premier secrétaire de l'Association suisse des banquiers.

Tchécoslovaquie. — Jaroslav ZLATNICEK, Docteur en droit, fondé de pouvoir de la Zivnostenska Banka à Prague.

***

Un questionnaire fut tout d'abord dressé par une sous-commission préparatoire de la Chambre, (1) dans le but de mettre en relief les points délicats du problème, c'est-à-dire les dispositions des Résolutions de La Haye au sujet desquelles s'étaient affirmées par la suite de sérieuses divergences de vues.

Ce questionnaire fut communiqué aux Comités Nationaux. Seize réponses y furent faites provenant des Comités américain, autrichien, belge, britannique, danois, français, (et indochinois), hongrois, italien, japonais, néerlandais, norvégien, polonais, roumain, suédois, suisse et tchécoslovaque.

Le Comité tint sa première session les 2, 3 et 4 février 1925 sous la présidence de M. WESTERMAN.

Étaient présents :

Amérique (E.U. d'). — Lawrence SLADE, de la National City Bank, Paris, en remplacement de Judge Thomas B. Paton.

Autriche. — Richard FÜRTH, Directeur du Bureau Autrichien des Biens et Intérêts Privés à Paris ; Commissaire Administratif pour l'Autriche, en remplacement du Dr Paul Hammerschlag.

Belgique. — Paul van ZEELAND.

France. — Jean DUCHÉNOIS, Docteur en droit ; Secrétaire du Comité National Français, en remplacement de Jacques Bouteron.

Grande-Bretagne. — John RAE, assisté de Charles Lidbury.

Hongrie. — Louis MANHEIM.

Indochine. — Henri SAMBUC.

Italie. — Giovanni MORANDI.

Japon. — Teisaburo KUGA.

Suède. — Thor CARLANDER, Avocat et Négociant ; Commissaire Administratif pour la Suède, en remplacement de Charles Dickson.

Suisse. — Max VISCHER.

Tchécoslovaquie. — Jaroslav ZLATNICEK.

ainsi que :

Édouard DOLLÉANS, Secrétaire Général,

Roger PICARD, Expert financier, Willard HILL, Secrétaire du Comité

---

(1) Firent partie de cette sous-commission : W. Westerman, Jacques Bouteron, Édouard Dolléans (Secrétaire Général) et Roger Picard (Expert financier).

Le texte du questionnaire se trouve pages 8 à 10.

La tâche essentielle du Comité consistait, semblait-il, à chercher des compromis sur les principaux points où des oppositions s'étaient manifestées par le passé. Le Comité s'est efforcé de condenser sous la forme concise de réponses au questionnaire de la Sous-Commission les conclusions auxquelles l'ont conduit les échanges de vues qui ont eu lieu. Ces réponses ont été admises à l'unanimité des membres présents, à l'exception d'un seul point sur lequel le représentant de l'Italie a désiré faire une réserve (en réponse à la question 8, l'Italie désira s'en tenir au texte de l'article 17 de La Haye).

Voici d'ailleurs les réflexions que le Comité présenta au Conseil le 6 février 1925, et qui sont suivies des réponses au questionnaire :

Le Comité tient tout d'abord à insister sur le fait qu'un rapprochemen véritable semble avoir été réalisé entre différents points de vue qui étaient jusqu'à présent restés assez éloignés.

Voici notamment quelques points où les réponses données par le Comité s'écartent des propositions de La Haye.

Tout d'abord, en réponse à la question 5, le Comité est d'avis qu'il y a lieu d'admettre l'endossement « au porteur » aussi bien que l'endossement « en blanc ». L'article 9 du projet de loi de La Haye stipulait la nullité de l'endossement au porteur ; cette disposition était conforme à la théorie juridique qui voit dans l'endossement au porteur une transformation de la nature juridique du titre. Le Comité a néanmoins estimé que, pour des raisons d'ordre pratique, il était préférable de ne pas renoncer à cette faculté.

Quant à l'endossement en blanc, il y a certes des différences qui le séparent de l'endossement au porteur ; le premier, par opposition au second, dans la conception juridique actuelle de plusieurs pays, laisse au chèque sa qualité d'effet à ordre susceptible d'endossements ultérieurs. Toutefois, en pratique, il semble préférable de l'assimiler dans certains de ses effets à l'endossement au porteur, par exemple, de rendre le chèque endossé en blanc, transmissible par voie de tradition manuelle. C'est donc en se plaçant à un point de vue pratique et par souci de simplification que le Comité a cru pouvoir faire une proposition de nature à modifier une conception juridique en vigueur dans certains pays.

D'autre part, la réponse 10 demande quelques mots d'explication. La question de savoir si la propriété de la provision doit être conférée aux endosseurs successifs et au porteur définitif a été laissée, à La Haye, en dehors du règlement international. Le Comité se rallie à cette proposition. Toutefois nul n'ignore qu'il y avait entre la conception de plusieurs pays continentaux et la conception anglo-saxonne en cette matière une sérieuse divergence d'opinion. Dans l'entre-temps, les conceptions juridiques sur le Continent, et en particulier en France, se sont modifiées dans un sens qui permet de croire une entente plus facile. En effet, les récents travaux de M. Bouteron (*Le Chèque, Théorie et Pratique*, Librairie Dalloz, 1924, p. 321 et suivantes) ont montré que les décisions des tribunaux français n'étaient peut-être pas conformes à l'esprit du législateur, tel qu'il apparaît dans les débats parlementaires auxquels a donné lieu la discussion de la loi du 14 juin 1865. De plus, un arrêt récent de la Cour de Cassation (Chambre civile, 17 décembre 1924) permet de croire qu'une évolution complète de la jurisprudence française sur la question de la provision peut être envisagée. Il a, dès lors, semblé au Comité qu'il serait possible de trouver des dispositions pratiques qui assurent au porteur certains droits, certains privilèges ou certaines garanties sur la provision dans des cas déterminés. Le Comité croit, à ce sujet, opportun d'attirer l'attention sur la proposition du deuxième projet du Code fédéral suisse qui, dans son article 988, contient une disposition fort intéressante répondant exactement à cette conception :

Art. 988. — « Le chèque n'est pas révoqué envers le tiré, par la faillite du tireur.

« La révocation ne peut intervenir lorsque le tireur est en faillite. »

En d'autres points encore, le Comité a pu arriver à des formules transactionnelles qui ont réuni l'adhésion de l'unanimité de ses membres, par exemple, en ce qui concerne la délimitation de la qualité de tiré du chèque et en ce qui concerne l'adoption d'une règle uniforme servant à établir le délai de présentation des chèques tirés dans un pays et payables dans un autre.

Le Comité se rend compte de n'avoir procédé qu'à une étude préparatoire de la question. Il a toutefois pu travailler dans un esprit de conciliation et d'entente qui est du meilleur augure pour l'avenir et pour le succès de l'œuvre entreprise par la Chambre de Commerce Internationale.

Le travail auquel le Comité s'est livré n'est qu'une continuation, qu'un prolongement des études poursuivies auparavant, soit par d'autres organismes internationaux, soit par la Chambre de Commerce Internationale, tant en matière de chèque qu'en des matières étroitement connexes ; il rappelle notamment les résolutions sur la lettre de change adoptée par la Chambre en son Congrès de Rome, en mars 1923.

Il n'a pas estimé utile de recommencer la magistrale étude d'ordre juridique à laquelle s'étaient livrés les membres de la Conférence de La Haye en 1912 ; il s'est placé à un point de vue plus immédiatement pratique, consistant à chercher une solution de fait aux difficultés qui étaient apparues. Il estime donc que l'on pourrait éventuellement prendre comme base de discussions ultérieures le texte des Résolutions admis à La Haye en 1912 en le modifiant conformément aux compromis que représentent les réponses faites au questionnaire dressé par la Sous-Commission préparatoire.

Toutefois, le Comité croit devoir ajouter qu'une solution définitive de cette importante question de l'unification du chèque ne peut être espérée et obtenue avant que l'on ait réussi à trouver une solution au problème de l'unification de la lettre de change. Les deux études devraient à tout le moins suivre des voies concomitantes et c'est pourquoi le Comité pense qu'il serait opportun d'insister auprès de la Société des Nations pour qu'elle active les études auxquelles elle se livre au sujet de la lettre de change.

Enfin, le Comité doit mettre en relief une idée qui se trouve à la base de certaines de ses réponses et qui lui a permis d'arriver à des solutions rencontrant l'unanimité de ses membres. En réponse à la question 7 et à la question 9, le Comité a introduit une distinction entre, d'une part, le chèque tiré et payable à l'intérieur des frontières d'un pays et, d'autre part, le chèque tiré dans un pays et payable dans un autre. C'est ainsi qu'il a été amené à distinguer en quelque sorte le chèque national du chèque international.

Le Comité reconnaît que dans l'état présent des choses, il serait extrêmement difficile d'arriver dans un délai raisonnable à une unification véritable de toutes les législations nationales régissant les chèques. Mais, il serait peut-être plus facile d'arriver à un projet uniforme qu'adopteraient les différents pays et qui réglementerait les chèques tirés d'un pays et payés dans un autre. Cette réglementation devrait rester, bien entendu, aussi libre que possible pour éviter tout conflit grave avec les législations particulières qui continueraient à réglementer les chèques intérieurs. Il suffirait que l'on écarte les différences de principe qui rendraient inconciliables les législations intérieures avec la loi proposée pour régler les chèques tirés dans un pays et payables dans un autre.

Quoiqu'il en soit, cette idée que l'on trouve déjà suggérée dans le rapport américain, mériterait d'être mûrement examinée ; et peut-être y trouverait-on des solutions d'ordre pratique aux difficultés qui surgiront encore.

Dans cet ordre d'idées, il semble que les résultats auxquels est arrivé le Comité soient un gage de succès pour l'avenir.

Le présent rapport et les réponses au questionnaire ci-annexées seront envoyés aux Comités Nationaux, à qui il sera demandé de vouloir bien présenter au Secrétariat Général, dans le plus bref délai, les observations ou suggestions que ces documents pourraient leur inspirer.

D'autre part, le Comité a cru nécessaire de nommer un Sous-Comité composé de :

MM. W. Westerman, Président,
J. Duchénois,
L. Manheim,
G. Morandi,
P. van Zeeland.

Ce Sous-Comité est chargé de dresser un projet de loi relatif à ce que nous croyons pouvoir appeler les chèques internationaux et qui, une fois ratifié, viendrait dans chaque législation se juxtaposer à la loi nationale sur le chèque.

Réponses au questionnaire adoptées par le Comité en sa session des 2, 3 et 4 février 1925

1. Le libellé du chèque doit-il contenir obligatoirement le mot « chèque »? (art. 1)

Dans les pays où l'usage du chèque est le plus ancien et le plus répandu, le libellé du chèque peut ne pas contenir le mot « chèque », le Comité estime donc que la question devrait être résolue par la négative.

Toutefois, étant donné la situation dans un grand nombre d'autres pays où l'emploi du chèque est moins répandu, le Comité est d'avis qu'il pourrait y avoir intérêt à faire figurer le mot « chèque » au recto du chèque.

2. Le règlement doit-il prévoir une définition légale du chèque et, dans l'affirmative, comment doit-elle se formuler ?

Vu la difficulté de trouver une définition uniforme qui concilie les points de vue des différents pays, le Comité estime préférable de répondre par la négative. Toutefois, il estime qu'il serait utile de préciser les éléments caractéristiques du chèque.

3. Le chèque peut-il être tiré sur des personnes autres que des banquiers ? (agents payeurs du Trésor public, établissements privés) (art. 5).

Le Comité estime que la capacité passive en matière de chèque, c'est-à-dire la qualité de tiré, doit être limitée à ceux qui, par profession ou en raison de leurs fonctions, recoivent habituellement des dépôts d'argent susceptibles d'être retirés par chèque.

4. Le tireur doit-il être responsable du paiement d'un chèque présenté après le délai de validité et non payé par suite de la faillite du tiré survenue postérieurement à ce délai ? (art. 6).

Réponse négative.

5. L'endossement « au porteur » ou l'endossement « en blanc » peut-il être valable ? (art. 9).

Le Comité est disposé à admettre ces deux modes d'endossement, et estime qu'il serait désirable de considérer l'endossement en blanc comme produisant les mêmes effets que l'endossement au porteur.

6. La faculté de faire certifier le chèque doit-elle être l'objet d'un article du Règlement international ? (art. 11).

En réponse à la question, le Comité estime que l'on peut reprendre le second paragraphe de l'article 11 des Résolutions de La Haye :

Est réservée aux Etats contractants la faculté d'admettre l'acceptation, le certificat ou le visa d'un chèque et d'en régler les effets.

7. Y a-t-il lieu d'imposer l'uniformité du délai de présentation ? (art. 14).

Le Comité estime que la réglementation du délai de présentation pour les chèques tirés et payables à l'intérieur de chaque pays doit être réservée aux Etats contractants.

En ce qui concerne les chèques tirés d'un pays et payables dans un autre, le Comité préconise l'adoption d'une règle uniforme inspirée de l'idée suivante : on ajouterait un délai fixe de 10 jours à un délai variable calculé sur la base du temps nécessaire pour expédier le chèque du pays du tireur au pays du tiré, par les voies ordinaires du commerce.

8. Le chèque peut-il être révoqué dès l'expiration du délai de présentation ? (art. 17).

Le Comité estime que le tiré doit respecter l'ordre de révocation donné par le tireur aussi bien pendant le laps de temps qui sépare l'émission du chèque de l'expiration du délai de présentation qu'après l'expiration de ce délai.

Il se réfère à ce propos au texte de l'article 987 du 2e Projet de loi fédérale suisse concernant la revision des titres XXIV à XXXIII du Code fédéral des obligations :

« Le tireur a en tout temps le droit de révoquer l'ordre de payer « donné dans le chèque ; cette révocation oblige le tiré à refuser le « paiement.

« Le tireur répond néanmoins envers le porteur de bonne foi « de toutes les suites dommageables qu'entraîne pour celui-ci la « révocation de l'ordre de payer. »

Le représentant de l'Italie désire faire toutes réserves en ce qui concerne la possibilité de révoquer le chèque avant l'expiration du délai de présentation.

9. Faut-il maintenir, à côté de l'existence du chèque barré, la faculté d'insérer dans le chèque la mention « à porter en compte » ? (art. 20).

La faculté d'insérer dans le chèque la mention « à porter en compte » doit être laissée à chaque Etat contractant pour les chèques tirés et payables sur son territoire.

En ce qui concerne les chèques tirés d'un pays et payables dans un autre pays, le développement du chèque barré paraît suffisant et plus spécialement recommandable.

10. La propriété de la « provision » doit-elle être conférée aux endosseurs successifs et au porteur définitif ? (art. 21).

Le Comité estime que la solution de cette question doit être laissée en dehors d'un règlement international ; toutefois, il convien-

drait d'attribuer au porteur certains privilèges et garanties, spécialement en cas de faillite du tireur

* * *

Conformément à la recommandation faite au Conseil par le Comité, le Sous-Comité s'est réuni à Paris le 17 mars 1925, afin d'élaborer un projet préliminaire de règlement uniforme des chèques internationaux.

Étaient présents :

Paul van ZEELAND (Belgique),
Jean DUCHÊNOIS (France),
Giovanni MORANDI (Italie),

ainsi que :

Roger PICARD,
Willard HILL.

Le Sous-Comité a pris pour base de ses travaux les conventions de La Haye de 1912 ; il a, en outre, tenu compte des conclusions auxquelles était arrivé le Comité à sa session de février ; et, prenant en considération le haut degré de développement auquel est parvenu le chèque dans les pays anglo-saxons, il s'est dans la plus large mesure possible inspiré de l'esprit de la législation anglaise et de la pratique dans les pays anglo-saxons.

Ce projet a été soumis aux membres du Comité du Chèque et aux Comités Nationaux.

Dans leur ensemble, les réponses reçues furent, sauf observations de détail, favorables au projet. Seul, le Comité Britannique s'y montra résolument opposé. Le Secrétaire de ce Comité s'exprimait ainsi : « J'ai mandat de dire que le Comité National Britannique ne désire pas discuter de propositions tendant à superposer aux législations nationales une nouvelle « Loi Internationale » applicable uniquement aux chèques dénommés « chèques internationaux » ; il considère, en effet, que cette proposition serait impraticable ».

Il ajoutait :

« Ainsi qu'on l'a fait déjà ressortir au cours des discussions concernant les lettres de change, le maintien de deux systèmes législatifs, d'une part le Code anglo-américain, et d'autre part, ce que l'on peut désigner sous le nom de système continental, doit être reconnu comme permanent.

« Chaque fois qu'il est possible de rapprocher les deux systèmes sans porter atteinte aux principes établis qui les inspirent, le Comité National Britannique serait prêt à envisager des amendements et, s'il les pouvait approuver, à se joindre aux conseils qui seraient donnés aux législateurs leur demandant de simplifier la situation existante.

« On comprendra mieux l'attitude de la Grande-Bretagne si nous disons qu'elle s'est efforcée de traduire par des lois certaines recommandations du rapport des représentants britanniques à la Conférence de La Haye de 1910 et que la mise en pratique de ces lois est à l'heure actuelle envisagée

« De même, sur cette base, si l'on peut s'efforcer d'assimiler les lois se rapportant au chèque, sans toucher aux principes qui inspirent la législation de chaque pays, le Comité National Britannique serait tout disposé à examiner le sujet et à donner sa coopération, mais il ne saurait aller plus avant. »

Le memorandum du Comité National Britannique concluait en disant d'une manière catégorique qu'un changement quelconque dans les lois britanniques existantes n'est ni désirable ni désiré par le public.

* * *

Le Comité du Chèque s'est réuni à nouveau le 14 mai 1925, sous la présidence de M. WESTERMAN. Étaient présents :

France. — Jean DUCHÉNOIS, en remplacement de Jacques Bouteron.

Grande-Bretagne. — Charles LIDBURY, de la Westminster Bank Ltd., en remplacement de John Rae.

Hongrie. — Louis MANHEIM.

Indochine. — Henri SAMBUC.

Italie. — Giovanni MORANDI.

Suisse. — Max VISCHER.

ainsi que :

Édouard DOLLÉANS,
Roger PICARD,
Willard HILL.

En présence de l'attitude du Comité National Britannique et, étant donné la proximité du Congrès de Bruxelles, le Comité a pensé qu'il convenait, avant de poursuivre l'étude entreprise, de provoquer au sein même du Congrès un échange de vues entre les différentes délégations, qui permette de dégager les idées des milieux intéressés. (1)

Le Comité, dans sa grande majorité, estime d'ailleurs que l'unification des législations de l'Europe continentale et de l'Amérique du Sud, ou tout au moins la création d'un chèque international, serait un sujet digne d'être conduit jusqu'à une solution définitive.

En cette matière, comme dans toutes les questions où s'affrontent les diverses législations nationales, on ne peut espérer obtenir un résultat que par des efforts longs et persévérants et des concessions mutuelles.

Il semble que la Chambre de Commerce Internationale ne doive pas se désintéresser de ces importants problèmes dont la solution améliorera certainement les rapports commerciaux internationaux.

(1) Au cours de la réunion, le Comité n'a donc pas procédé à l'examen du projet de règlement uniforme des « chèques internationaux », préparé par le Sous-Comité.

PREMIER PROJET DE RÉSOLUTION :

C'est pourquoi, le Comité demande au Congrès de vouloir bien décider le maintien du Comité du Chèque jusqu'à l'aboutissement logique de ses travaux, c'est-à-dire jusqu'à la rédaction d'un projet de règlement uniforme des chèques internationaux (chèques tirés dans un pays et payables dans un autre pays), qui servirait éventuellement de base à l'unification des législations nationales.

La question du chèque étant intimement liée à celle de la lettre de change, il paraît difficile de dissocier les deux questions. La Société des Nations se demandant toutefois si le moment était venu de reprendre ses travaux sur ce dernier problème et de convoquer une conférence internationale, le Comité propose, en outre, au Congrès d'adopter le second vœu suivant :

DEUXIÈME PROJET DE RÉSOLUTION :

Considérant que les Comités Nationaux représentent dans leurs pays respectifs les intérêts des banquiers, industriels et commerçants et comptent parmi leurs membres toutes les grandes associations d'intérêt général économique, la Chambre demande à ceux-ci de lui confirmer leur désir exprimé au Congrès de Rome de voir se poursuivre dans une conférence officielle, sur la base de la Convention de La Haye (1912), l'étude de l'unification des législations sur la lettre de change. Il est, en outre, de la plus grande importance que les Comités Nationaux agissent auprès de leurs Gouvernements respectifs pour que soit officiellement convoquée une nouvelle conférence internationale.

Impr. CROUTZET et DEPOST, 70, rue de Bondy, Paris — 4321-1025

COMITÉS NATIONAUX :

AMERIQUE (ETATS-UNIS D')

Prés. : A. C. Bedford.

Mgr. : C. J. C. Quinn, Connecticut Avenue and H. Street, Washington, D. C. ("Cocusa Washington ").

Sec. : Lacey C. Zapf.

Com. adm. : Basil Miles, 33, rue Jean-Goujon, Paris 8e (Tél. : Elysées 62-42).

AUTRICHE

Prés. : Dr. Franz Quidenus.

Sec. : Dr. Karl Götzinger, 8-10, Stubenring Vienne I (Tél. : 20494).

Com. adm. : Richard Fürth, 146, avenue Malakoff, Paris 16e (Tél. : Passy 29-22).

BELGIQUE

Prés. : Maurice Despret.

Sec. et Com. adm. : Gustave L. Gérard, 33, rue Ducale, Bruxelles (" Belginaco, Bruxelles ". — Tél. : Bruxelles 24775).

Sous-Sec. : M. Nieberding, 43, avenue des Acacias, Anvers.

DANEMARK

Prés. : Dr. Ernst Meyer.

Sec. : M. Raffenberg, Börsen, CopenhagueK.

Com. adm. : Aage Dessau, 48, rue de Paradis, Paris 10e (Tél. : Bergère 38-58).

ESPAGNE

Prés. : Basilio Paraiso, Palace Hôtel, Madrid.

FRANCE

Prés. : Etienne Clémentel.

Sec. gén. et Com. adm. : Alexandre de Lavergne, 6, rue de Messine, Paris 8e. (Tél. : Elysées 51-02).

Sec. : J. Duchenois.

GRANDE-BRETAGNE

Prés. : Dr. Walter Leaf.

Sec. Hon. : R. B. Dunwoody, C. B. E.

Sec. : R. W. Hanna, 14, Queen Anne's Gate, Londres, S. W. 1. (" Ascommerc, London ". — Tél. : Victoria 3154).

Com. adm. : J. E. McCulloch, 41, Lothbury, Londres, E. C. 2.

HONGRIE

Prés. : S. E. Alexandre Popovics.

Sec. : Dr. Tibor de Gyulay, Chambre de Commerce, 6, Szemere-utca, Budapest V.

Com. Adm. : Louis Manheim, 20, avenue Victor-Emmanuel III, Paris 8e (Tél. : Elysées 18-89).

INDOCHINE

Prés. : A. Garnier.

Sec. et Com. adm. : Alexandre de Lavergne, 6, rue de Messine, Paris 8e (Tél. : Elysées 51-02).

ITALIE

Prés. : On. Gr. Uff. Avv. Marco Cassin.

Sec. : Comm. Dott. Giuseppe Dall'oglio, 1, Piazza Foro Traiano, Rome (2). (" Unionecamere, Rome ". — Tél. : Rome 31-14).

Com. adm. : Avv. Ugo Capitani, 37, rue Rousselet, Paris 7e (Tél.: Ségur 95-30).

JAPON

Prés. : Dr. Takuma Dan.

Sec. : Seichi Takashima, Marunouchi Building, 1, 1-Chome, Eirakucho, Kojimachi-Ku, Tokio (" Remmei, Tokio ").

LUXEMBOURG

Prés. : Emile Mayrisch.

Sec. : Albert Calmes, Arbed, avenue de la Liberté, Luxembourg.

NORVEGE

Prés. : Morten Lind.

Sec. : Reidar Due, Bourse, Oslo.

Com. adm. : Peter Krag, 45, boulevard Berthier, Paris 17e.

PAYS-BAS

Prés. : H. Rud. du Mosch.

Sec. : Dr. J. E. Claringbould, 25, Laan van Meerdervoort, La Haye (Tél. : M. 4796 et M. 3935).

Com. adm. : Edouard Bunge, 95, rue St-Lazare, Paris 9e (Tél. : Central 68-75).

POLOGNE

Prés. : Ladislas de Kislanski.

Sec. : St. Koçot, 2, Chmielna, Varsovie (Tél. : 62-59).

Com. adm. : Charles de Korytko, Forges de Vireux-Molhain, 10, rue Edouard VII, Paris 9e (Tél.: Louvre 03-93).

ROUMANIE

Prés. : Dr. St. Cerkez.

Sec. gén. : C. R. Mircea, Palatul Camerei de Comert, 4, Strada Bursei, Bucarest (" Ugir, Bucarest ").

Com. adm. : Georges G. Assan, 17, rue Brémontier, Paris 17e (Tél. : Wagram 10-81).

SUEDE

Prés. : K. A. Wallenberg.

Sec. Hon. : H. Rosman.

Sec. : Baron W. G. Stiernstedt, Chambre de Commerce de Stockholm (" Handelskammeren, Stockholm ").

Com. adm. : Thor Carlander, 69, bd. Malesherbes, Paris 8e (Tél. : Wagram 19-12).

SUISSE

Prés. : John Syz.

Sec. : O. Hulftegger, 15, Börsenstrasse, Zurich.

TCHECOSLOVAQUIE

Prés. : Jaroslav Preiss.

Sec. : Dr. V. Klumpar, Masarykovo Nabr. 4, Prague I (" Incomerc, Prague ").

Com. adm. : Jaromir Spacek, 1 *bis*, avenue Charles-Floquet, Paris 7e (Tél. : Ségur 81-76).

N. B. — L'abréviation *Com. adm.* signifie Commissaire administratif.

Parmi les autres publications de la Chambre on peut citer :

LA CHAMBRE DE COMMERCE INTERNATIONALE

Journal trimestriel rendant compte des travaux de la Chambre, et accompagné de suppléments périodiques, tels que la Chronique de l'Arbitrage Commercial et la Chronique de la Propriété Industrielle, ainsi que de suppléments exceptionnels.

BROCHURES

17. STATUTS ET RÈGLEMENTS DE LA CHAMBRE INTERNATIONALE.
21. RÉGLEMENT DE CONCILIATION ET D'ARBITRAGE, pour les litiges entre commerçants de pays différents.
22. L'INSTALLATION DE LA COUR D'ARBITRAGE COMMERCIAL (19 Janvier 1923).
31. RÉSOLUTIONS VOTÉES AU DEUXIÈME CONGRÈS (Rome, Mars 1923).
32. COMPTE RENDU DU SECOND CONGRÈS (Rome, Mars 1923).
33. LES FORMALITÉS DOUANIÈRES ET LA CONVENTION INTERNATIONALE DE GENÈVE (Octobre 1923).
34. *DOUBLES IMPÔTS.
35. *POUR FACILITER LA CIRCULATION INTERNATIONALE DES CHÈQUES.
36. *PROPRIÉTÉ INDUSTRIELLE.
37. *AÉRONAUTIQUE COMMERCIALE.
38. *LES PROGRÈS DE LA RESTAURATION ÉCONOMIQUE.
39. *RAPPORT DU COMITÉ DE LA RESTAURATION ÉCONOMIQUE.

**Publiées à l'occasion du troisième Congrès (Bruxelles, Juin 1925).*

CIRCULAIRES

3. L'ARBITRAGE COMMERCIAL INTERNATIONAL par Owen D. Young.
6. RÈGLES DE LA HAYE (1921), relatives aux connaissements, par Charles S. Haight.
17. LA CONCURRENCE ILLICITE ET LA LÉGISLATION BELGE, par Me Capitaine.
27. L'AVENIR DE L'ARBITRAGE, par E. Raymond Streat.
29. DÉFLATION ET DÉVALUATION, par G. Vissering et O. Lepreux.
34. LES RÈGLES DE LA HAYE (1921) ET LA CONVENTION DE BRUXELLES D'OCTOBRE 1922 (Règles relatives aux connaissements).
36. LE NOUVEAU TARIF DOUANIER DES ÉTATS-UNIS.
43. TERMES COMMERCIAUX (Définitions).
47. L'ARBITRAGE COMMERCIAL ET LA LÉGISLATION FRANÇAISE, par Me Maillard.
52. FOIRES ET EXPOSITIONS (1925).

www.ingramcontent.com/pod-product-compliance
Lightning Source LLC
LaVergne TN
LVHW052037160826
845678LV00003B/1399

* 9 7 8 2 3 2 9 6 1 8 9 3 7 *